Ralf Neubohn

Tod auf dem Kaktus

Gartenschau-Trilogie

Schwarze Humor Gedichte

Ralf Neubohn

Tod auf dem Kaktus

Gartenschau-Trilogie

Schwarze Humor Gedichte

Bibliografische Information der Deutschen Nationalbibliothek
Die Deutsche Nationalbibliothek verzeichnet diese Publikation
in der Deutschen Nationalbibliografie;
detaillierte bibliografische Daten sind im Internet
über www.dnb.de abrufbar.

Herstellung und Verlag: BoD – Books on Demand, Nordersted

ISBN: 978-3-7528-2196-3

Inhalt

Vorwort:

Viele zufriedene Leser wünschten sich von mir einen weiteren Band mit schwarzen Humor Gedichten. Hier also nun nach „Die Gartenschau-Morde" und „Neues vom 1. April, dem Waiblinger Altstadtfest und der Gartenschau", der gewünschte zusätzliche Band der zum größten Teil schwarze Humor Gedichte enthält.

Viel Spaß beim Lesen und Lachen

Ihr Ralf Neubohn

Mörderische Gartenschau

Der Mörder schlich durch das Gras,
überall lagen versteckte Wolfsfallen,
dadurch dass er diese vergaß,
war er im wörtlichen Sinn reingefallen.

Der Sammler

Er sammelte voller Leidenschaft,
doch keine Bücher oder desgleichen,
seine Sammlung besaß eine besondere Eigenschaft,
es waren handsignierte Leichen.

Die Lesung

Er garnierte die Krimilesung
mit einer echten Leiche.
Das Publikum tobte vor Begeisterung,
denn ohne ist es nicht das Gleiche.

Pech gehabt

Wenn der Kommissar laut lacht,
hat es Dein Alibi nicht gebracht.
Wenn Dich dann sogar der Henker kichernd knufft,
warst Du wirklich nicht sehr ausgebufft.

Neuer Arbeitsplatz

Jack traf früher leichte Damen,
die dann ein böses Ende nahmen.
Doch Abwechslung muss auch mal sein,
deswegen schaut er jetzt bei der Gartenschau rein!

Lizzi B.

Mordet Lizzi zu elanvoll mit der Axt,
sie sich schnell mal den Finger verknackst.
„Ach, wie muss die Arme leiden“,
denken ihre Opfer bescheiden.

Wettbewerb

Wenn Jack und Lizzi killen,
überall die Alarmglocken schrillen.
Denn morden die beiden ganz locker,
haut es jeden vom Hocker.
Beide wollen die Rekordmörder sein
und hauen kräftig rein.
Wenn der Gartenschau Ripper führt,
ihn die Zeitung zum Rekordhalter kürt.
Doch schon am Tag darauf,
holt Lizzi stark auf.
Denn als energische Frau,
nimmt sie die Gleichberechtigung genau.

Diskreter Hinweis

Greift Jack zum Messer,
gehst Du besser.
Ich sage es ganz bescheiden,
er braucht es nicht zum Brotaufschneiden.

Stil-(ett) Frage

Einst sagte Jack zu Lizzi:
„Mit dem Beil morde ich nie.
Denn das ist gar nicht nett,
die Leute stehen mehr auf Stilett."

Priorität

Leichen auf der Gartenschau,
entsetzen die Gärtnersfrau.
Denn für ihren Blumenschatz,
braucht sie den ganzen Platz.

Konkurrenz

Sind nicht genug Gäste auf der Gartenschau,
dosierte Jack seine Morde nicht ganz genau.
Er wäre ja gern bescheiden,
aber er will Rekordhalter bleiben.

Frisch

Tote gehören frisch,
auf den Gartenschautisch.
Lässt Du sie vergammeln,
wirst Du Minuspunkte sammeln.
Denn um sich daran zu laben,
will jeder schon was Frisches haben.

Zierrat

Wollen die vielen Leichen,
Deinem Weg nicht weichen,
solltest Du daran denken,
lieber umzuschwenken.

Schlagende Argumente

Mordet Lizzy mit dem Beil,
finden es alle geil.
Doch will sie einen Baum umlegen,
verhaftet man sie deswegen.
Denn dieser steht unter Naturschutz
und war nicht wie ihre Opfer unnutz.

Rems

Schwimmt im Fluss ein Hai,
ist es mit dem Wellenreiten vorbei.

Schwimmt dort eine Leichte,
ist es nicht das Gleiche.

Denn das ist alltäglich
und daher leichter erträglich.

Warnung

Olle Nulpen,
liegen unter Tulpen.
Wer darüber lacht,
oft dort selber aufwacht.

Spaß muss sein

Killt Lizzi mit der Axt,
hat der Börsianer ausgefaxt.

Reichliches Angebot

Lizzi ist sehr schlau,
mordet gerne auf der Gartenschau.
So viele Männer und Frauen,
da wird sie nie daneben hauen.

Vorbild

Lizzi hat ein großes Vorbild,
jemand der vorbildlich killt.
„Sieben auf einem Streich",
sowas lieben Killer sogleich.

Höchste Gefahr

Wenn im See viele Leichen treiben,
solltest Du lieber zu Hause bleiben,
denn mit Jack dem Gartenschau Ripper,
spielt man was anderes als Flipper.

Gipfeltreffen

Es herrschte einst großes Entsetzen:
Jack traf die Axtmörderin,
es flogen reihum die Fetzen,
die Zuschauer waren nicht nur vor Begeisterung hin.

Romantik

Ein Schlachtfest ist schön und fein,
doch keiner will das Opfer sein.
Haben Jack und Lizzi ein Rendezvous,
fliehen alle lieber vorsichtshalber im Nu.

Rosenbeet

Wie es nun mal so geht,
lag eine Tote im Rosenbeet.
Doch alle atmeten erleichtert auf,
sie lag auf keiner Rose drauf.

Ökologisch

Auf den Bäumen hängen nicht nur Äste,
sondern auch mal ungebetene Gäste.
Die Gärtner schmeißen diese voller Wonne,
zu den anderen Leichen in die Biotonne.

Erleichterung

Liegen Leichen auf den Gartenschauwegen,
braucht sich niemand darüber aufregen.
Denn jeder stellt erleichtert fest,
die treten sich fest.

Strenges Verbot

Die Fische füttern ist verboten,
dennoch werfen Idioten
Leichen zu ihnen rein,
das darf doch nicht sein!
Denn für jeden armen Fisch,
ist das kein guter Nachtisch.

Der Fakir

Einst sprach der Fakir,
„komm zu mir."
Sie legte sich auf den Riesenkaktus,
damit war ihres Lebens Schluss.
Denn wer dort einmal lag,
endet meist im Sarg.

Der Gartenschau-Express von Quellburg

Der Zug fuhr durch das Dorf,
hinaus zum Torf.
Der Schaffner wunderte sich sehr,
denn keiner der Fahrgäste lebte mehr.
Doch klärte sich schnell das Ganze,
an Bord war eine Fleischfressende Pflanze.

Es klappt nicht immer

Wenn ein Toter im Jungbrunnen liegt,
dessen heilende Wirkung wohl nicht siegt.

Gartenschauromantik

Liegt ein Toter unter dem Strauch,
VORSICHT, Du bald auch!

Treibt ein Toter im Fluss,
ist für ihn Gartenschauschluss.

Ein Toter im Gras,
macht Gärtnern wenig Spaß.

Fleiß

Liegt eine Tote auf dem Klo,
macht es die Putzfrau wenig froh,
doch kehrt sie den Dreck,
einfach heimlich schnell weg.

Dekorationshinweis

Tote auf Brücken,
würden alle Besucher entzücken.
Denn wer hat daheim schon,
so eine schöne Dekoration?

Nicht ideal

Liegt eine Tote unter Schnee und Eis,
ist es bei der Gartenschau wohl nicht sehr heiß.
Man kann es also verstehen,
wenn die Leute frierend heimgehen.

Furcht

Wenn Dir die Zähne klappern,
solltest Du nicht plappern.
Jack der Gartenschau Schlitzer,
wartet nur auf solche Schnitzer.

Tiefe Trauer

Als Jack sich morgens rasierte,
das Schreckliche passierte,
er kam aus dem Rhythmus raus,
jetzt ist's mit dem Armen aus.

Die Arme!

Als Jack starb,
es Lizzi den Tag verdarb.
Darum hätte sie nie gebeten,
denn nun muss sie ihn vertreten.
Doppelt so viel Arbeit jede Nacht,
da wird nicht mehr so viel gelacht.

Ersatz

Die Mörderin schleicht durch den Garten,
doch muss sie viel zu lange warten.
So köpft sie eben ersatzweise Rosen,
statt menschliche Mimosen.

Recycling

Liegt ein Starkoch tot im Keller,
gibt's heute viel Fleisch im Suppenteller.

Gerechte Strafe

Liegt Ralf Neubohn tot im Botanischen Garten,
muss das Gericht nicht lange warten.
Denn der Verdächtigenkreis ist sehr klein,
es kann nur ein Leser von ihm sein.

Nachts auf dem Friedhof

Das Tageslicht wird immer knapper,
doch in den Särgen der Autoren herrscht reges Treiben,
fröhlich erklingt Schreibmaschinengeklapper,
sie wollen trotz des Todes kreativ bleiben.

Weihnachtsmarkt

Wenn es draußen nieselt,
im Glühweinstand das Arsen rieselt,
dann ist es wieder soweit:
es naht die frohe Weihnachtszeit.

Nicht so schlimm

Es erhob sich ein lautes Geschrei:
„Polizei, Polizei!"
Die Beamten nahten im schnellen Schritt,
brachen einen neuen Geschwindigkeitsrekord damit.
Doch nichts mehr war zu sehen,
na ja – so was kann ohnehin nur im Traum geschehen.

Action-Krimi

Fröhlich strahlte das Plutonium,
während es blaue Bohnen hagelte.
Ein kleines Kuriosum,
dass man schon am Anfang die Särge nagelte.

Leise rieselte der Drogenschnee,
jagten Autos durch Palmenstraßen.
Schönheiten sonnten sich an der See
und was wir sonst noch an Plattheiten vergaßen.

In einer Behörde

Eine Tote lag im Amte,
da rief der leitende Beamte:
„Das ist ja unerhört,
dass man unsere Ruhe stört!
Wo doch hier nie was passiert,
die Leiche wird einkassiert.
Sie landet unter dem Balkon,
einer bekannten Zeitungsredaktion.
Die werden bezahlt zum Schreiben
und Nachforschungen betreiben."

Wintertipp

Eine Leiche auf dem Lattenrost,
hilft gegen den stärksten Frost.

Schlussverkauf

Leichenreste verteilt im ganzen Kaufhaus,
jagen sogar schwäbische Schnäppchenjäger raus.

Kaiser Wilhelm Denkmal

Eine Leiche liegt zu seinen Füßen,
wie um ihn zu grüßen.
Irgendwie ist das sehr schick,
es passt zu seiner Politik.

Schauspielhaus

Hängt eine Leiche im Schauspielhaus,
ist für sie das Schauspiel aus.

Mordwaffe

Schwäbische Autoren morden viel auf Papier,
der Füller ist dabei ihr Rapier.

Gourmetgefängniskost

„Ich bereue nichts", rief der Täter,
diese Meinung änderte er beim Essen später.

Geschmackssache

Liegt ein Toter auf dem Bahnhofsklo,
macht es die Besucher nicht froh.
Ruht er aber statt dessen in einem Kleiderschrank,
macht es vor allem Frauen krank.

Wein

Im Wein liegt die Wahrheit,
manchmal eine Leiche.
Beides sorgt für Nachdenklichkeit
und ist doch nicht das Gleiche.

Ruhiger Friedhof

Es sprach ein strenger Gebieter:
„Auf dem Friedhof sind die besten Mieter.
Man zahlt pünktlich deren Mieten
und muss ihnen keinen Lärm verbieten."

Altstadt

Sie lag fast nackt im Bett,
lächelte ganz adrett.
Der arme Lustmolch,
bemerkte zu spät den Dolch.

Hinweis

Wenn der Tod lauthals lacht,
hat er gute Geschäfte gemacht.
Wenn er zwischendurch tückisch kichert,
waren die meisten nicht mal versichert.

Serienautor

Er schrieb heiter,
dabei war er schon lange tot.
Automatisch ging es weiter,
bis ins Morgenrot.

Kleine Kabale

Sie sagte nur dies:
„Du bist aber fies!"
Darauf tobte er voll Grimm:
„Was? Ich bin nicht schlimm!"
Er erschlug sie zum Beweis,
damit sie es jetzt besser weiß.

Beim Arzt

Wenn Du ungeduldig im Wartezimmer sitzt
und denkst an Deiner Gesundheit Gefahren,
während eine andere Patientin die Stricknadeln spitzt,
so lasse alle Hoffnung auf Eile fahren.

Heißes Date in der Altstadt

Sie hatte sehr feine Strümpfe an,
er dachte: „Endlich komme ich dran",
mit diesem Gedanken behielt er Recht,
doch das Ganze bekam ihm schlecht.

Stadtpark

Eine Leiche lag unter Bäumen,
so als wolle sie träumen.
Da rief verärgert ein Urlauber:
„Von wegen, der Stadtpark ist sauber!"

Brave Hunde

Man konnte ihm nie beweisen,
dass seine Hunde beißen.
Erst als bei einem Taschendieb,
deren Gebiss stecken blieb.

Bibliothek

Im Lesesaal lag ein Toter,
der Boden unter ihm wurde immer roter.
Doch bekam er dafür keinen Verweis,
denn er starb ja wenigstens leis.

Kleines Striplokal

Karl sah die Bedienung,
sie gab nicht viel her.
Der Griff zur Fernbedienung,
fiel nicht schwer.

Im Wald

Wenn Gretel die Hexe killt,
ist ihr Blutdurst nicht gestillt.
Nur wenn auch Hänsel stirbt,
es ihr nicht den Tag verdirbt.

Schutz

Die himmlischen Mächte,
bewachen unsere Nächte.
Doch in mancher Nacht,
wären wir gerne unbewacht.

Flirt

Er fand sie sehr nett,
kroch zu ihr ins Bett,
doch sie blieb kalt,
darum verließ er sie bald.
Sie und ihr Totenbett.
Lovestorys im Leichenschauhaus,
gehen nur selten gut aus.

Bauch von Paris

Lebst Du im Bauch von Paris,
geht es Dir weder gut noch mies.
Seit Zola von dort schrieb,
überraschend vieles beim Alten blieb.

Motiv

Es kann nur einen Grund haben,
wenn Schwaben morden:
Sich an mehr Geld zu laben.

Die Brücke

Stürzt ein Rentner von der Brücke,
braucht er nie wieder eine Krücke.
Folgt ihm auch noch sein Killer,
mag der es wohl lieber schriller.

John Gottesacker

Der Pfarrer John Gottesacker,
war schon ein alter Knacker.
Deshalb hat niemand an seinem Stuhl gesägt,
sondern ihn einfach mal so umgelegt.
Nun ist der Pfarrer fort,
zu dem gleichnamigen Ort.

Fehlendes Motiv

Ein Schotte rief kalt:
„Von mir erbt Ihr nichts"
und wurde deshalb sehr alt.

Serienkiller

Er wütet wie ein Tier,
tötet gnadenlos.
Er mordet auf feinem Papier,
dafür bekommt er als Krimiautor viel Moos.

Vendetta

Wenn die Gondeln schweigen
und die Zeugen auch,
dann beginnt der Reigen,
um den Blutrachebrauch.

Das perfekte Verbrechen

Dich lockt das perfekte Verbrechen,
Du planst es genau,
leider hatte es ein Gebrechen
und der Henker lächelt schlau.

Empörung

Wenn der Müllmann zweimal klingelt
und tobt wegen der Leiche empört,
die sich im Mülleimer ringelt,
wo sie doch in die Biotonne gehört,
dann streue vor Reue Asche auf Deinen Kopf,
gestehe den kleinen Irrtum ein,
denn beachte, Du armer Tropf:
Ordnung muss schon sein!

Das Messer

Kalt war das Messer,
schnitt tief ins Fleisch,
nie schmeckte das Steak besser.

Geldbeschaffung

Die Mörder AG zahlt hohe Dividenden aus,
fehlt es ihr mal an Kleingeld,
schickt sie dafür Killer zu den Aktionären raus.

Gewerkschaft der Killer

Die Gewerkschaft streikt zu Recht,
ihre Mitglieder wollen mehr Geld,
außerdem ist ihr Image zu schlecht,
sie wären auch gern mal ein Held.

Ihre Mitglieder sind Killer aus allen Ländern,
sorgen bei Sargmachern für Freude und Umsatz,
daher wollen sie ihr schlechtes Ansehen ändern,
denn sie sichern so manchen Arbeitsplatz.

Was wären wir ohne sie,
die Renten- und Krankenkassen brächen ein,
doch ehren wir die armen Killer nie,
so darf es wirklich nicht mehr sein.

Ohne sie droht Überbevölkerung,
Hungersnot und andere Schrecken,
unterstützt daher ihre Bewegung,
helft für sie Verständnis zu erwecken!

Spannung

Sie läuft durch die dunkle Nacht,
viele Gefahren lauern dort,
gerade kann sie noch entkommen.
So haben wir es uns gedacht,
legen gelangweilt den Krimi fort
und schlummern lieber benommen.

Cool

Leise kletterte der Mörder aufs Dach,
nichts konnte ihn schrecken.
Doch eins legte ihn wörtlich flach:
Zu spät die schwarze Katze zu entdecken.

Das Moor

Im Moor blubbert es leise,
überall verdächtiges Treiben.
Plötzlich fragt jemand weise:
„Warum lassen wir es nicht bleiben?"

Rezeptur

Wenn geheimnisvolle Chinesen schleichen,
ein Opfer im Schloss schreit,
die Nebel nicht weichen,
dann ist englische Krimi Zeit.

Barbaren

Die Römer genossen Gemetzel im Zirkus,
ist das zu fassen?
So was erregt heute nur Abscheu und Verdruss,
bevor wir uns im Fernsehen das täglich Blut geben lassen.

Lohn

Wenn der Henker fröhlich kichert,
bist Du hoffentlich lebensversichert.
Hast Du auch daran nicht gedacht,
hat Dich die Tat nicht weit gebracht.

In Wald und Moor

Auf den Lord lauerten Nachts viele Gefahren,
Wilddiebe und Umweltverschmutzer
wollten es ihm geben.
Doch sollte er es erst zu spät erfahren,
am meisten hasste ihn sein Stiefelputzer
und der nahm dem Lord deshalb das Leben.

Sicher

„My home is my castle", murmelte er zufrieden.
Er sah nicht die Mörder in Schrank und Bad
und ist im Sicherheitsgefühl verschieden.

Gegensatz

Wir freuen uns bei den Nachrichten über viele Leichen,
doch deren Freuden sind nicht die Gleichen.

Wertgefühl

Wenn die Mörder um Dich rangeln,
gibt es eine hohe Prämie zu angeln.
So tötet Dich des Siegers Schuss,
mit Respekt und Genuss.

Nostalgie

Die Nostalgie überkam ihn mal wieder,
er blätterte in seinen Steckbriefen.
Ach – wie oft schoss er Leute nieder,
nach deren Leben seine Chefs riefen.
Ja – die gute, alte Zeit,
schön ist es gewesen.
Durch ihn wurde der Friedhof breit
und seine Opfer verwesen.

Logisch

Wenn das Fischmesser so tief steckt,
dass es kaum wieder raus geht,
hat der Gourmet die Fischgräten entdeckt.

Besserwisser

Er fand Krimis übertrieben:
„So ahnungslos kann doch kein Opfer sein,
es muss die Mörder doch rechtzeitig sehen."

Doch lange ist er dabei nicht geblieben,
denn durch Keller und Fenster kam das Verhängnis rein
und es war um ihn geschehen.

Nachtarbeit

Die Killerin schlich durch die Nacht,
hinterließ keine Spuren.
Doch wer tagsüber nie aufwacht,
den verhaften selbst beschränkte Naturen.

Daran denken

Wenn ein Mafiosi eine neue Tat ausheckt
und das Opfer tobt vor Wut,
die Polizei nach Jahren die Waffen streckt,
patentiert er seine Idee hoffentlich gut.

Weihnachten

Weihnachten ist das Fest der Liebe,
finden sogar Mörder und Diebe.
Zärtlich streicheln sie ihre Messer
und fühlen sich gleich besser.
Schütten verträumt Gift in den Wein:
So schön kann Weihnachten sein.

Arbeitsstress

Die Mörderin sich beschwert:
„Das Opfer hat sich doch glatt gewehrt!
So was darf doch nicht sein,
die verlorene Zeit hole ich doch nie wieder rein!"

Krimiautor

Wenn der Autor am Füller lutscht
kommt ihm oft eine Idee.
Das ist nicht so schlimm,
so lange im Textaufbau nichts verrutscht,
sonst war es nur kalter Schnee.

Nichts gefallen lassen

Die Killerin las die Zeitung,
warf sie plötzlich empört ins Eck.
Ihr Steckbrieffoto war in schlechter Beleuchtung,
sie sandte ein neues Passbild aus ihrem Versteck.

Illusionen

Er hatte seine Illusionen zu Grabe getragen,
fühlte sich endlich von ihnen befreit.
Doch machten sich schon Nebelschwaden,
neuer Illusionen bereit.

Na, so was

Über viele Berge,
kletterten sie voller Mordgelüste,
die bösen sieben Zwerge
und stürzten Schneewittchen in die Küste.

Ein wahrer Held

Er killt ohne Unterlass,
der kühne Killero.
Auf seinen Darm ist Verlass,
nie muss er auf das Klo.

Altstadt

Sie klagte nie wieder über zu teures Essen,
schlug nie wieder Krach,
der Ober hatte sie gefressen,
die Reste ruhen nun im Nesenbach.

Razzia

Am Bahnhofsplatz
gab's mal eine Dealer Hatz.
Schnell liefen die Dealer fort,
völlig verlassen lag nun der Ort.

Presse

Sie erschlug ihn mit dem Mikrofon,
von dem Reporter gab es nie wieder einen falschen Ton
und wie es so geschieht:
Plötzlich war der tote Reporter sehr beliebt.

Konsequenzen

Wenn der Gerichtsvollzieher NICHT zweimal klingelt,
sieht er sich wohl in der Altstadt umzingelt.
Plötzlich entdeckt er sein gutes Herz
und verzieht sich mit einem Scherz.

Killer am Promiberg

Am vornehmen Promiberg,
wohnte einst ein fieser Giftzwerg.
Viele trachteten nach seinem Leben,
doch er hatte nichts umsonst zu vergeben.

Neckar

Im Neckar schwamm eine Leiche,
„das ist doch immer das Gleiche",
rief verärgert ein Urlauber,
„von wegen, der Fluss ist sauber!"

Im Wäldchen

Durch den Wald von Berglach
floss ein kleiner Bach,
doch dies ist ein seriöses Gedicht,
was er sah – sagen wir lieber nicht.

Lob des Lasters

Wenn das Laster tobt,
so wird es nicht verbannt.
Es wird sogar gelobt,
innovativ und originell genannt.

Szene

Ein Passant wurde nach DER Szene gefragt,
darauf hat er ruhig gesagt:
„Suchen sie Mörder oder Diebe,
Drogen oder die käufliche Liebe?"
Die Stadt war schon ein harter Brocken,
der Fragende war von den Socken.

Eisbahn

Man hat es sich nicht zu sagen getraut:
Einst wurde die Eisbahn aufgetaut.
Da lag dann etwas im Eis,
das war kalt und doch ganz heiß.
Wie gut Eis konserviert,
hatte jemand an einer Frau ausprobiert.

Verbrechensrate

Die Schwaben sind nicht zu bessern,
sie wohnen nicht am Meer
und fischen dennoch in trüben Gewässern.

Tango

Wenn Mäcki Messerle singt,
Dir eine Dame in die Arme sinkt,
dann wird's im Geldbeutel schnell knapp
und Du trittst bald so oder so ab.

Nichts mehr los

Es gibt bekanntlich das Gewohnheitsrecht,
z.B. eine Leiche im Wald.
Ihr Fehlen finden wir daher schlecht
und es erwischt uns ganz kalt.

Nur zum Spaß

„Das Opfer ist eine arme Sau",
sagt man so ganz schlau.
Doch manches Haare auf den Zähnen besaß,
da machte das Morden erst recht viel Spaß.

B 14

Kommst Du auf der B 14 zu liegen,
warst Du nicht verschwiegen.
Mit einem kleinen Loch im Kopf,
schweigst sogar Du armer Tropf.

Im Stadtpark

„Das ist doch immer das Gleiche",
rief der Straßenkehrer empört.
„Schon wieder eine Leiche,
wo sie nicht hingehört!

Überall stehen doch Mülleimer bereit,
aber die Leute lassen alles rumliegen.
Niemand nimmt sich mehr Zeit,
der Park ist halt zu verschwiegen."

Mafia

„Berlin ist Mafiafrei",
rief der Hahn und legte ein goldenes Ei.

Eismann

Kommt der Eismann zu Dir ans Haus,
weiche dem Arseneis lieber aus.

Johnny Tschüßle

Wo die Stadt ganz alt ist,
achte darauf was Du isst.
Denn schnell kann es geschehen,
auf ein Nimmerwiedersehen.

Recht gehabt

„Jeder bekommt was er verdient“,
sprach der Autor ganz hart.
Sofort wurde er von einem Killer bedient
und zwar nicht ganz zart.

Versprechen

Die Stadt der Taschendiebe,
die Stadt der harten Drogen,
die Stadt der käuflichen Liebe,
hier wird keine Erwartung betrogen.

Teamwork

Der Weg ist voller Steine,
bringt so manche Umleitung,
denn fast jeder mordet alleine,
statt in einer Autorenvereinigung.

Schlussverkauf

Sie ging auf Schnäppchenjagd,
ihr Geldbeutel erlitt dabei einen Herzinfarkt.

Richtig so!

Wenn ein Autor reimt
und sein Werk ein Kritiker liest,
hat der Künstler schnell ausgeschleimt.

Lieber Alkohol

Am Brunnen vor dem Tor,
hing ein schlaffer Mann.
Seht Euch vor,
dies beweist, dass Wasser töten kann.

Airport

Arbeitet eine Killerin am Flughafen,
wird er schnell zu Gottes Hafen.

Futterneid

Herrschen Mord und Totschlag in Schwaben,
wollen das auch die Bayern haben.
Denn diese Gaudi zu verpassen,
das wäre echt nicht zu fassen!

Irrtum

Es dachte der schwäbische Bauer:
„Ein gutes Lied ist ein Gassenhauer",
doch es gibt noch ein anderes Gassenhauerparadies,
dies zeigten ihm nachts Fußballrowdies.

Kugel

Wenn in Stuttgart die Kugel rollt,
muss es nicht der Fußball sein.
So mancher Killer kommt unverzollt,
zur Arbeit in die Stadt hinein.

Kripo

Wenn der Kripobeamte gähnt,
dies sei hier erwähnt,
ist ausnahmsweise nichts los,
dies ist aber so selten wie ein Gewinnlos.

Mord im Zoo

Wer im Zoo der Arbeit nachgeht,
muss sehr entscheidungsfreudig sein.
Denn was hier an Möglichkeiten zur Verfügung steht,
das geht kaum in den Kopf rein.

Schlusskorrektur

Er schrieb Gedichte letzter Hand,
korrigierte bis zum Schluss.
Er stand vor der Exekutionswand,
die Endkorrektur machte der Salvenschuss.

Verabschiedung

Wir sind nun am Ende angekommen. Nicht an unser Ende, sondern an das Ende dieses Buches. Um den Abschied von meinen Lesern bis zu meinem nächsten Buch etwas herauszuschieben, als Zugabe noch ein paar harmlosere Gedichte. Diese haben zwar keinen schwarzen Humor, sind aber auch sehr nett.

Viel Spaß damit!

Aus dem Autorenleben

„Ich werde immer besser",
rief er.
Der Journalist schärfte sein Messer
und fragte: „Wer?"

Berufskrankheit

Immer dichter
schrieb der Dichter.
Doch die Alexandrinerverse,
wurden dennoch seine Achillesferse.

Die Muse

Wenn Dich die Muse küsst
und Dein Schreibzeug fröhlich grüßt,
dann beginnen wieder die Tage
mit der Schreibplage.

Inspiration

Wer nachts schreibt
und dies lange treibt,
steht unter Schreibzwang,
vermutlich sein Leben lang.

Anerkennung

Generale beerdigt man mit ihren Orden,
als Dank für exaktes Morden.
Skifahrer mit ihrer Beinschiene
und den Autor mit dessen Schreibmaschine.

Denker und Gichter

Ich war ein großer Denker und Dichter,
mich scheute alles kleine Gelichter.
Doch dann hatte mich die Gicht gepackt,
schwer war ich kurz darauf abgesackt.
Darauf schienen alle sehr erpicht,
nun kennen sie mich nicht.

Poètes Maudits

Verdammte Dichter waren sie,
Baudelaire, Rimbaud, Verlaine,
doch höher stand die Kunst nie.

Forschung

Wir sind rastlos,
suchen den letzten Beweis.
Das ist unser Los,
wir laufen im Kreis.

Blues

„Der Blues ist tot!",
riefen sie laut.
Doch schon im nächsten Morgenrot,
schallte er aus den Boxen laut.

Börse

Sie spekulierten ohne Unterlass,
hielten die Börse für eine Einbahnstraße.
Doch auf sie war kein Verlass,
plötzlich platzte die Seifenblase.

Aufstieg

Wenn jemand Gedichte schreibt,
mit der Feder Späße treibt,
dann ist er bald ein bekannter Autor
und man lockt ihn hinterm Ofen vor.

Inspiration

Wenn der Dichter zur Feder greift,
ist absolute Ruhe geboten.
Ein Text ist in ihm gereift,
seine Familie kennt die Vorboten.

Bessere Welt

Wenn auf Erden Frieden ist,
niemand Böses tut.
Du immer gerecht bist,
dann träumst Du gerade gut.

Schwere Zeiten

Er hatte viel im Leben gesehen,
war ein geplagter Mann.
Ihm sollte nun Gutes geschehen,
er fragte ironisch: „Wann?"

Flach

Nicht jedem, der Flachmann trinkt,
auch ein flacher Bauch winkt.

Selbstisolation

Er war sehr streng,
ließ nichts durchgehen.
Sah alles sehr eng,
niemand konnte ihn verstehen.

Lob der Faulheit

Neue Besen kehren gut,
in alten trinkt es sich angenehmer.
Was man auch immer tut,
Hauptsache es ist bequemer.

Alkoholiker

Manche Leute trinken,
bis sie Sterne sehen,
ja bis zum totalen Abwinken,
dennoch werden sie vor uns gehen.

Leckerer Nachtisch

Es war einmal ein Mäuschen,
das suchte besseres Essen.
Es schlich in ein nettes Häuschen
und wurde von der Katze gefressen.

Fast

Wer vor sich hin schreibt,
ist noch lange kein Autor.
Doch was ihm immer bleibt,
er kommt sich so vor.

Teure Schnäppchen

So manches Sonderangebot,
verlockt uns zum Kaufen.
Dies bringt dem Geldbeutel Atemnot
und dazu bekümmertes Schnaufen.

Früher

Früher parkte er den Sportwagen,
bei seinem Besuch vor ihrem Haus.
Nun brauchen sie einen Kinderwagen
und mit dem Sportwagen ist es aus.

Gebührenpflichtig

Wer herzlich lachen kann,
wie echt nicht mehr gescheit,
der wird natürlich dann
nicht von der Vergnügungssteuer befreit.

Folgen

Wer ein Modell kennenlernt,
für den wird es schnell teuer.
Denn er dachte nicht entfernt,
an die nun alltägliche Luxussteuer.

Unvorhergesehene Folgen

Viele fesche Hasen,
versprechen tolle Dinge.
Die zerplatzen oft wie Seifenblasen
und man ist nun Herr der (Ehe-) Ringe.

Unvereinbar

Wer ein perfekter Mensch sein will,
über den lacht man oft schrill.
Wie will man perfekt durchs Leben gehen
und gleichzeitig als Mensch bestehen?

Nachwort

Liebe Leser,

Sie sind nun an das Ende dieses kleinen Büchleins gekommen, in dem ich sie hoffentlich gut und abwechslungsreich unterhalten habe.

Falls Sie nach dem Lesen dieses Buches noch Fragen, Anregungen, Vorschläge haben, können Sie sich gerne mit mir in Verbindung setzen. Ich bin offen für kreative Ideen. Ralf Neubohn, Antiquariat der Nöck, Zwerchgasse 6, 71332 Waiblingen, Telefon 07151 1336165, E-Mail: antiquariat.noeck@gmx.de

Unter dieser Adresse können Sie sich auch bei mir melden, falls Sie einmal eine Lesung buchen wollen.

Mit freundlichen Grüßen und bis bald?

Ihr Ralf Neubohn

Über den Autor Ralf Neubohn:

Ralf Neubohn hat bereits zahlreiche Bücher geschrieben bzw. herausgegeben und ist einem breiten Publikum durch regelmäßige Lesungen bekannt. Er betreibt ein angesehenes Buchantiquariat und fördert neue Autoren durch Herausgabe von Anthologien und Veranstaltung von Lesungen.

Er hat auch mehrere Literaturpreise gestiftet. Z.B. den „Neuen Literaturpreis Remstal".

Neubohn schreibt Krimis, Lyrik, heitere Romane und Kurzgeschichten.

Sein Kurzkrimiband „Neubohns Krimihäppchen" kommt bei den Lesungen immer besonders gut an. Bei den heiteren Büchern vor allem „Alle Autoren an Bord!" und „Im Tal der Autoren".

Beide Bände haben den Vorteil für die Leser, dass sie mit diesen einen humorvollen Blick hinter die Kulissen des Autorentums werfen können. Und das ist doch ganz interessant und lehrreich.

Lesetipp:

Ralf Neubohn und Michael Kerawalla: „Im Tal der Autoren"

Für dieses Buch schrieb Ralf Neubohn unter anderem folgende Texte:

Der Roman

Sam beendete 3 Jahre Schreibarbeit an seinem neuesten Roman mit einem guten Gefühl. Alle goldenen Regeln seines Verlegers fanden sich in dem Werk wieder. Anspruchsvoll geschrieben, ein kritischer Spiegel der Zeit und sorgfältig recherchiert.
Stolz begab er sich damit zu seinem langjährigen Verleger. Dieser las das Buch mit einem Stirnrunzeln durch und sprach die goldenen Worte: „Um erfolgreich zu sein, darf ein Roman nirgends politisch anecken. Streichen Sie daher bitte alle betreffenden Stellen. Natürlich wollen wir auch niemandes religiöse Gefühle verletzen oder Wirtschaftsbosse auf die Füße treten. Sie verstehen doch, dass diese Teile deshalb raus müssen. Zuviel Sex und Gesellschaftskritik sind auch nicht mehr zeitgemäß, sie fallen ebenfalls weg. Natürlich wollen wir uns bei niemandem anbiedern und langweiligen Mainstream vermarkten, wir passen uns nur etwas der Zeit an." Damit gab er den von 520 Seiten auf 3 Seiten gekürzten Roman in Druck, der ein großer Erfolg wurde.

Zurück zu den Wurzeln

Seneca, Cato und Tolstoi hatten vollkommen recht: Nichts geht über das einfache Landleben. Weg von all dem unnötigen Schnickschnack zurück zum Urtümlichen. Nur von den allernotwendigsten Hilfsmitteln begleitet leben.
Während ich diese Zeilen auf meinen Laptop schreibe, geht draußen die Außenbeleuchtung automatisch an. Vermutlich ist eine Katze durch die Lichtschranke gelaufen. Ein Surren zeigt an, dass die Rollläden mittels Zeitschaltuhr pünktlich heruntergelassen werden. Ich gehe in die Küche aus der Tiefkühltruhe frisches Gemüse für die Mikrowelle holen. Unterwegs blinkt mich im Flur das drohend rote Auge des Anrufbeantworters an. Aus dem Büro höre ich das Fax nach neuem Papier fiepsen und Informationen aus dem Internet plärren.
Bei so viel Stress starte ich mittels Fernbedienung erstmal eine Musik-CD und gönne mir aus der chromglitzernden Expressomaschine ein Anregungsmittel. Zwischenzeitlich ist das Gemüse fertig geworden. Es hat dieses Mal 1 skandalöse Minute länger gedauert! Zeit die alte Mikrowelle gegen eine schnellere auszutauschen!
Ich muss wegen eines neuen Navigationsgerätes sowieso in die Stadt. Im Esszimmer angekommen greife ich zur Gabel, als sowohl das Handy klingelt, als auch das E-Mail Postfach nach mir verlangt. Doch die müssen beide in die Warteschleife, da pünktlich zum Essen im Fernsehen meine Lieblingsserie startet, die ich auf dem extragroßen LCD-Bildschirm sehe.
Mittels Fernbedienung schalte ich die Heizung etwas höher und genieße die Wärme und das Mikrowellengemüse sehr.
Ja, die großen Denker wussten, was sie sagten: NICHTS geht über das urtümliche, einfache Landleben! Zurück zu den Wurzeln!

Lesetipp:

Flammenfeder „Live von der Gartenschau"

In diesem Buch berichten Ralf Neubohn und Michael Kerawalla heiteres aus dem Paradies für Blumenliebhaber. Beide sind Mitglieder der Autorengruppe Flammenfeder, die dieses Buch herausgebracht hat. Folgend ein paar Textproben Ralf Neubohns daraus:

Computerexpertin Petrulia

Paul saß zufrieden in seinem Kinderzimmer, heute gab's in der Schule endlich mal keine Hausaufgaben. Er konnte also nun die langersehnte Radtour auf dem Gartenschaugelände machen! Er freute sich sehr darauf. Draußen schien die Sonne und rief ihm förmlich zu: „Komm, komm!" Als er gerade zu seinem Drahtesel eilen wollte, stand plötzlich seine nervige Schwester Petrulia in der Tür. Was für ein Schock, denn das bedeutete stets etwas Schlimmes.

Sie sprach: „Paul! Ich muss noch von gestern meine Hausaufgaben nachholen. Da es soviel ist, mache ich sie an Deinem Computer." Paul zuckte tief erschrocken zusammen. Seine chaotische und eingebildete Schwester an seinem geliebten Computer! „Dich kann ich nicht allein an meinen PC lassen. Du hast doch keine Ahnung davon!"

Petrulia erwiderte triumphierend: „Mutter hat es mir erlaubt! Sie meint, dass ich groß genug dazu bin."

Paul biss sich auf die Zunge, um nichts über ahnungslose Mütter im Allgemeinen und vor allem in diesem speziellen Fall zu sagen, und startete gottergeben seinen Computer. Er harrte schicksalsergeben der nun folgenden inneren Leiden, die auch prompt eintraten.

„Paul? Was heißt eigentlich PC? Pauls Computer?"

„Nein", entgegnete er genervt. „Es heißt Petrulias Chaos. So, jetzt gebe ich das Codewort ein."

„Kotwort", zischte Petrulia entsetzt. „Heißt dass, dass der Computer mit Scheiße zu tun hat?"

Paul stöhnte verzweifelt. Mütter und Schwestern konnten einem wirklich das Leben versauern. Von wegen Petrulia ist groß genug! Doch da er noch mit dem Rad wegwollte, ließ er sich auf keine Diskussion ein. „So, jetzt mache ich nur noch schnell einen Quick Scan."

Petrulia starrte ihn schockiert an. „Warum wird ein Schwein geröntgt? Oder wird das Schwein wie die Waren an der Supermarktkasse gescannt? Aber wozu? Was hat das denn jetzt mit uns zu tun?"

„Schwestern gehört das Gehirn gescannt", dachte er erbittert. „Sofern sie denn überhaupt eins haben."

Laut giftete er: „Das hat nichts mit Schweinen zu tun! Es ist eine wichtige Funktion des Virenscanners."

„Ach", seufzte Petrulia erleichtert. „Hat Dein PC Grippe? Sag das doch gleich!"

Paul brummelte ablenkend: „Wir schreiben nachher Deine Hausaufgaben in Times New Roman."

„WAS?" rief Petrulia begeistert. „Meine Hausaufgaben kommen in der Times als neuer Roman? Ich wusste doch, dass meine Aufsätze super sind. Nur meiner dummen Lehrerin ist das noch nicht klar."

Paul litt entsetzlich, wir legen den Mantel des gnädigen Schweigens über die nächste Stunde. So meinte seine Schwester unter anderem: „Tool bar? Das ist toll, denn ich habe gerade Durst."

Als nach vielen inneren Leiden seine Schwester ihn verließ, warf sich der arme Paul völlig erledigt aufs Bett.

Dort fand ihn dann später seine Mutter: „Was machst Du hier noch? Ich dachte, Du wolltest radeln! Dauernd hast Du beim Mittagessen genervt, dass Du heute eine Radtour machen willst. Nutze nun auch wirklich die schöne Sonne aus. Also, mit Euch jungen Leuten ist einfach nichts mehr los! Ihr wisst einfach nicht, was Ihr wollt! Erst nervst Du beim Mittag wegen dem Radeln und dann liegst Du den ganzen Nachmittag nur faul rum!"

EOCXTE – CD Shop

Eines Tages erschien in einem aus Datenschutzgründen nicht näher genannten Geschäft in Waiblingen ein neuer Kunde. Die Ladenbesitzerin bediente ihn zuvorkommend und sagte später beim Abschied: „Ich hoffe, Sie kommen bald wieder."

Der Kunde antwortete galant: „Sicher. Sie sind so kompetent und freundlich wie Herr Neubohn es neulich bei der Lesung auf der Gartenschau erzählte. Er liest ja öfters in verschiedenen Läden unserer schönen Stadt, um dadurch die Innenstadt zu beleben. Eine gute Idee von ihm. Auf wiedersehen Frau Elpinike."

Das Lächeln der Ladeninhaberin erlosch so plötzlich, wie das Lächeln eines Managers, wenn es keine 10 % Boni gab. Sie erwiderte erstaunt: „Elpinike? Ich heiße Röchelbaum."

„Oh", flüsterte der Kunde. „Entschuldigen Sie bitte die Verwechslung. Ich dachte Sie heißen; Eutalia Ottilie Clothilde Xanthippe Tussnelda Elpinike und sind die Inhaberin."

Frau Röchelbaums ohnehin schon große Augen wurden noch größer, wie im Märchen vom Rotkäppchen – damit ich Dich besser sehen kann – und ihr Mund wuchs auch – damit ich Dich besser fressen kann - !

„Ich bin die Inhaberin. Hier gibt es keine Frau Eutalia Ottilie Clothilde Xanthippe Tussnelda Elpinike. Wie kommen Sie denn darauf?"

„Ach", raunte der Mann erstaunt. „Da muss Herr Neubohn was verwechselt haben. Als er mir von ihrem schönen Laden EOCXTE – CD Shop erzählte, fragte ich ihn, was der Name EOCXTE voll ausgeschrieben heißen würde. Und er meinte: Ah, öh, natürlich ist es wie bei den meisten Läden, er ist nach der Inhaberin benannt. Und der Name der Inhaberin lautet hier Eutalia Ottilie Clothilde Xanthippe Tussnelda Elpinike."

Wir wissen leider nicht, was Frau Röchelbaum dachte, als sie dies hörte, aber Herr Neubohn bekam tags darauf gründlich den senilen Kopf gewaschen. Das beweist mal wieder: Die Schwaben sind in Wahrheit gar nicht so geizig! Denn in Schwaben wird oft jemand gratis der Kopf gewaschen und das trotz der teuren Schampoopreise!

Besuch auf der Gartenschau

Claudia, Elke und Sieglinde saßen auf den Remsterrassen und schauten herab in die tobenden Fluten der Rems. Da zur Zeit der Pegel auf Rekordtief lag, schauten aus den mächtigen Fluten zwei kleine Inseln heraus. Was die drei nicht wussten: es waren keine kleinen Inseln. Sondern die verschütteten Vulkankegel der Insel Atlantis, die bis zu einem großen Vulkanausbruch in der Rems lag. Die drei Mädchen lösten sich vom Anblick der vermeintlichen Remsinseln und gingen mit ihren Freunden weiter über das wunderschöne Gartenschaugelände. Bisher verlief alles friedlich. Sonst gerieten sich ihre Freunde im Fußballstadion oder bei politischen Veranstaltungen immer in die Haare. Doch heute würde es sicherlich harmonisch verlaufen, nichts ist besänftigender fürs Gemüt, als Sonne und schöne Blumen. Dachten die drei Mädels, bis es bei einem besonders reizenden Blumenbeet wieder zwischen den drei Jungs krachte: „Du vulgäres Veilchen! Die schönsten Blumen sind die Rosen!" „Quatsch! Du rostige Rose! Nichts geht über zarte Veilchen! Und wenn Du willst, kannst Du von mir gleich zwei blaue Veilchen haben." „He, hört, mal ihr zwei Streithähne, am schönsten sind die Tulpen." „Was? Das hätten wir wissen müssen, dass Du eine tumbe Tulpe bist. Du mit Deiner krakeligen Kaktusnase!"

So ging es den ganzen Nachmittag weiter. Die leidgeprüften Mädchen beschlossen deshalb am nächsten Wochenende lieber mit ihren Freunden ins Fußballstadion zu gehen, denn dort dauerte deren Zoff untereinander nur 90 Minuten.

Lesetipp:

Ralf Neubohn: „Die Gartenschau Morde"

Enthält Kurzkrimis und schwarze Humor Gedichte

Das Gartenschauwunder

Hans saß auf den Remsterrassen und las sein Lieblingsbuch „Neubohns Krimihäppchen" zu Ende. Er las es seit Jahren immer wieder von vorn, weil ihn diese Mischung aus Kurzkrimis und Humor sehr ansprach.

Nun griff er zu Neubohns originellem Werk „Im Tal der Autoren", um es ebenfalls in Ruhe zu genießen. Die Sonne schien, vor ihm floss die Rems plätschernd vorbei, was konnte es schöneres geben? Völlig entspannt blickte er auf die beiden Remsinseln zu seinen Füssen und schlug das Buch mit den heiteren Geschichten aus dem Autorenleben voller Vorfreude auf.

Doch dann schoss es ihm durch den Kopf: „Ich bin doch nicht zum Lesen hier, sondern zum Arbeiten!" Bedauernd legte er das Buch zur Seite und stand auf. Nur durch seine hohe, professionelle Arbeitseinstellung gelang ihm der Aufbruch aus dem sonnigen Paradies. Überall schlenderten seine Kunden über das Gartenschaugelände. Hans gefiel am besten der Teil beim See am Hallenbad und jener bei der Kunstlichtung. Dort fanden immer so schöne Lesungen statt. Doch wo auch immer seine Kunden auf ihn warteten, da ging er hin. Vom Bädertörle in Waiblingen bis nach Schorndorf lag sein Arbeitsbereich. Sein ganzer Ehrgeiz lag darin, dort überall gleichmäßig gut zu arbeiten.

Kein Gebiet des schönen Gartenschaugeländes durfte vernachlässigt werden. Denn die Arbeit rief überall dauernd nach ihm. Eine große Verantwortung lag auf Hans. Es gab sehr viel zu erledigen. Die Gartenschau kam gerade im richtigen Augenblick, um in finanziell schwerer Zeit Geld in seine Kassen zu spülen. Dankbar dachte er: „Ein Wunder, diese Gartenschau! Schönes Gelände, wunderbare Blumen, ein Ort zum Genießen. Und um nebenbei gute Geschäfte zu machen! Was will man mehr?"

Zufrieden schlendernd besah er sich entzückt die Landschaft und die Hosentaschen der Besucher. Ein Traum für Taschendiebe wie ihn. Vielleicht treffen sie ihn ja mal an seinem Arbeitsplatz. In diesem Falle wünsche ich Ihnen viel Glück!

Überraschung!

Herr S. Chrecklich spazierte in Weinstadt über das Gartenschau-gelände. Ihm gefiel die schön gestaltete Anlage sehr. Vor einem Blumenbeet mit roten Rosen blieb er bewundernd stehen. Wie prachtvoll sie blühten! Neben den Rosen stand einzeln eine sehr große, äußerst merkwürdige Pflanze. Er konnte sie keiner ihm bekannten Art zuordnen. Diese Pflanze lenkte ihn so ab, dass er das Herannahen eines offensichtlich tollwütigen Hundes erst zu spät bemerkte. Es blieb ihm keine Zeit zu fliehen, keine Chance auf Rettung. Herr S. Chrecklich schloss erstarrt vor Schreck die Augen. Ein lautes „Schlurp" ließ ihn auffahren. Die Pflanze hatte sich über den Hund gebeugt und ihn verschlungen! Vermutlich ein Ergebnis des Klimawandels. Früher gab es hier in Weinstadt keine fleischfressenden Pflanzen. Da kam ihm eine geniale Idee! Auf diese Art könnte er seinen nervigen Schwager loswerden! Diesen ohne Spuren beseitigen! Der perfekte Mord! Einfach genial! Bereits zwei Tage später schlenderten sie beide gemeinsam über die Gartenschau. Als niemand in Sicht war, schlug er seinen verhassten Schwager nieder und schleifte den Betäubten zur fleischfressenden Pflanze. Diese würde mit einem lauten „Schlurp" alle Spuren seiner Tat wie geplant beseitigen. Tat sie auch. Nur schluckte sie beide zusammen weg. Tja, selbst der beste Plan kann einmal scheitern.

Pech gehabt

Verächtlich verzog Hans das Gesicht. Wieder lief ein Gartenschaubesucher mit hervorstehendem Geldbeutel vor ihm. Ein Kinderspiel sich seines Geldbeutels zu bemächtigen. Egal, ob in Heilbronn, Waiblingen, Schorndorf, Winterbach oder anderswo, sein Geschäft lief weiterhin blendend. In jeder Stadt lechzten scheinbar die Gartenschaubesucher förmlich danach, von ihm erleichtert zu werden. Diese unfreiwilligen Spenden machten es ihm erst möglich, seine teure Freundin bei Laune zu halten. Mit dem Erlös seiner heutigen „Arbeit" konnte ein netter Abend mit ihr finanziert werden. Zuerst der Besuch eines Konzertes, anschließend ein Galadinner.

„Ein Glück, dass diese Idioten sich so leicht bestehlen lassen", dachte Hans voller Herablassung.

Als er abends mit seiner Freundin an der Konzertkasse stand, befiel ihn ein großer Schock: „Ich bin bestohlen worden! In was für einer furchtbaren Welt leben wir denn, dass man einfach so bestohlen werden kann!" Hans bedauerte sich ausführlich selber, während seine Freundin überlegte, ob sie sich weiterhin mit so einem unfähigen Schussel abgeben sollte, der sich beklauen ließ.

Reizende Reise

Richard R. Riesling befand sich gern auf deutschen Gewässern. Ob Bodensee, Mosel, Rhein, überall gefiel es ihm ausnehmend gut. Leider mochten ihn selber seine Mitpassagiere umso weniger. Es muss leider gesagt werden: Herr Riesling trank meist härtere Sachen als Riesling und wurde dann extrem unleidlich. Häufig sogar gewalttätig.

Bei seiner neuesten Kreuzfahrt fuhr er auf dem Neckar an der Gartenschaustadt vorbei, als es zu einem schwerwiegenden Zwischenfall kam.
Seit 20.00 Uhr hielt er sich an seine strenge Whiskydiät und nahm nichts anderes mehr zu sich. Mit jedem weiteren Glas stieg seine Gewaltbereitschaft und er pöbelte immer häufiger seine Mitreisenden übel an.

Gegen Mitternacht schrie Herr Riesling Frau Nemesis an: „Was geht es Sie an, wie viel ich trinke? Und wem ich meine Meinung sage? Was denken Sie eigentlich denn, wer Sie sind?"
Darauf kam drohend die unheilverkündende Antwort: „Wie ich Ihnen schon sagte, ich bin Nemesis!"
Da unser Reisender sich nur mit Alkohol auskannte und mit sonst gar nichts, stürzte er sich auf Nemesis, um sie von Bord zu stoßen.

Durch einen Kampfsporttrick seines vermeintlichen Opfers landete der Alkoholiker stattdessen selber im Neckar. Der Kapitän hörte das Aufklatschen im Wasser und rief: „Mann über Bord!", was sofort die verschiedensten Rettungsmaßnahmen einleitete. Doch die Dunkelheit behinderte die Suche so sehr, dass er erst zu spät aus dem Hades, äh, Neckar gefischt wurde.

Der Kapitän sah den Ertrunkenen vor sich auf den Planken liegen und sprach nachdenklich: „Riesling verträgt sich mit nicht zuviel Wasser!" Ein Satz, in dem viel Wahrheit lag. Die Suche nach Nemesis blieb erwartungsgemäß erfolglos, denn die kommt und geht bekanntlich, wie sie will.

Der Banküberfall

Xavers Plan bot sich förmlich von selber an. Durch die Touristen, die zur Gartenschau wollten, kam in Heilbronn der normalerweise schon starke Feierabendverkehr fast zum Erliegen.

Wer zu dieser Zeit eine Bank überfiel, konnte sich sicher sein, dass die Polizei zu lange brauchen würde, um sich durch den Stau von Pendlern und Touristen durchzukämpfen. Bis sie die Bank erreichte, befand er sich dann mit seinem Fluchtauto schon wo ganz anders.

Er parkte direkt vor der Bank, stürmte mit gezogener Pistole herein und verlangte das Geld. Alles verlief gut, bis er aus seinen Augenwinkeln eine Bewegung am rechten Rand sah. Wo kam der Mann plötzlich her? Eben lag die Schalterhalle doch noch völlig leer vor ihm!

Hätte Xaver besser recherchiert, wäre ihm bekannt gewesen, dass rechts von den Schließfächern im Keller eine Treppe heraufführte. Und von dort stürmte nun ein Sicherheitsbeamter auf ihn zu. Spontan und eigentlich ungewollt erschoss Xaver ihn und flüchtet tief erschrocken zum Auto. Genauer gesagt zu dem Ort, wo sich bis vor kurzem sein Auto befand, bevor es ein Autodieb stahl. „Nun gut, dann fliehe ich halt zu Fuß", dachte er. Es war das Letzte was ihm in Freiheit je durch den Kopf ging. Denn bei oberflächlichen Besichtigungen des Tatorts hatte Xaver es versäumt, sich die Umgebung näher anzuschauen. Gegenüber der Bank lag ein Imbiss, in dem viele Polizisten verkehrten, die nun mit gezogener Waffe vor ihm standen.

Im Fußball wird so etwas Eigentor genannt. Dafür gibt es keinen Applaus, höchstens Buhrufe.

Passend

Rosen haben Dornen,
der Tod auch.
Deshalb legen nicht nur Nornen,
Leichen unter einen Strauch.

Erntezeit

Steht der Tod im Garten,
muss er nicht lange auf die Ernte warten.

Dinner

Liegt Deine Familie tot im Garten,
brauchst Du nicht mit dem Essen warten.
Liegt dort auch der Koch,
leider doch.

Lesetipp:

Ralf Neubohn und Michael Kerawalla: „Gartenschau Phantasie"

Die folgenden Textproben sind von Ralf Neubohn:

Die beiden Gartenschauen

Zweifellos sind die Gartenschauen in Heilbronn und an der Rems ein paar der schönsten, die es je gab. Sowohl von den Anlagen her, aber auch wegen dem wunderbaren Ambiente der Umgebung. Für jeden der seine Freude an den prächtigen Pflanzen auf den Gartenschaugeländen hat, stellt sich die Frage: Wie konnte diese verzaubernde Pracht entstehen? Das Geheimnis ist einfach und schon lange wohlbekannt: Nachts durchfliegen Elfen die Anlagen. Dabei hinterlassen sie ihren magischen Glanz, der sich auf alle Pflanzen wie Lack legt und diese besonders schön strahlen lässt. Besucher mit strahlendem Lächeln sind wohl früh morgens noch einer etwas verspäteten Elfe begegnet.

Ich wünsche Ihnen viel Spaß, in diesen verzauberten Elfengärten. Egal, ob an der Rems oder in Heilbronn: Ein Besuch lohnt sich!

Gartenschauromanze

Er sah das Mädchen an der Remsküste,

sie hatte wunderbare …. Ohren.

Ihr Anblick macht ihn froh,

vor allem der schöne … Ohrring.

Vielleicht würde das Schicksal ihn strafen,

doch wollte er mit ihr …. Ohrputzen.

Später flüsterte sie benommen:

„Hoffentlich werde ich kein … Ohrsausen bekommen."

Nachts in der Gartenschau

Nervös huschte er über das Gartenschaugelände. Immer wieder drehte er sich hastig um, aber niemand schien ihm zu folgen. Fahrig wischte er sich den Schweiß von der Stirn und lief eilig weiter. Seine Schritte hallten laut durch die menschenleeren Grünanlagen. „Warum habe ich nur darauf eingelassen?", fragte er sich immer wieder. „Ich habe doch gewusst, dass es gefährlich wird."

Ängstlich packte er die Aktentasche mit dem wertvollen Inhalt fester an sich. Ein lautes Geräusch ließ ihn zusammenfahren. Sein Herz stand für Sekunden still, so sehr hatte ihn die Kirchturmuhr erschreckt. „Ich muss mich zusammenreißen", dachte er und blickte sich um. Da! Folgte ihm nicht doch jemand? Nein, er waren nur Bäume am Gehwegrand. Der Wind bewegte sie sachte. In der finsteren Nacht sahen sie aus wie gefährliche Wegelagerer. Inzwischen hörte die Kirchturmuhr auf, vier Uhr zu schlagen.

„Nur noch ein paar Straßen weiter", schoss es ihm durch den Kopf. „Dann bin ich in Sicherheit!" Schnell rannte er die letzten Gehwege des Gartenschaugeländes weiter, hinein in die Innenstadt. Seine Schritte hallten dort laut in den Gassen, Menschenmassen schienen ihm zu folgen, doch das war nur das Echo.

Mit rasendem Herzen schloss er die Tür zu seinem Buchantiquariat auf, schlüpfte schnell hinein und warf sie fest ins Schloss. Er hatte es geschafft. Nachdem er erleichtert eine Weile an der Tür gelehnt hatte, streichelte er liebevoll die Aktentasche und ging ins Büro seines Ladens. „Ich habe doch gleich gewusst, dass ich es schaffen werde", sinniert er nicht ganz wahrheitsgemäß. Behutsam nahm der Buchantiquar den wertvollen Inhalt seiner Tasche heraus und betrachtete ihn glücklich. Verstohlen schaute er sich schnell im Büro um, doch er war nach wie vor allein. Zärtlich streichelte er über das soeben auf der Kunstlichtung beendete Manuskript von „Gartenschau Phantasie", um das ihn sicherlich viele Konkurrenten beneideten. Zuviele! „Das Buch wird ein Knüller!" rief er triumphierend in die Leere hinein und lachte noch ein wenig erleichtert vor sich hin. Seine Nerven hatten sich gerade wieder von der nächtlichen „Hetzjagd" erholt, als ihn ein plötzliches Geräusch aufspringen ließ. Unter einem Ladentisch raschelte es. „Ach, bin ich dumm", dachte er. „Das wird nur die Katze sein."

Es war sein letzter Irrtum im Leben.

Lesetipp:

Ralf Neubohn: „Neues vom 1. April, dem Waiblinger
Altstadtfest und der Gartenschau"

Enthält Kurzgeschichten und schwarze Humor Gedichte

Serienautor

Tippt es aus seinem Grabe bis zum Morgenrot,
war nur sein Gehirn tot.

Ärztliche Kunst

Wenn es aus dem Grabe grummelt,
war die Autopsie verbummelt.

Anni Arsen bittet zu Tisch

Anni Arsen bittet zu Tisch,
es gibt Digitalis im Kaffee
und Strychnin im Wein.

Danach Salmonellenfisch,
sowie Arsen im Tee,
so muss eine gelungene Party sein.

Strandleiche

Tot lag er am Strand,
den Hals durchschnitten.
Ich streckte meine Hand,
holte mir seine Brotschnitten.

Die schmeckten sehr fein,
es nahte die Flut.
Ich ließ den Unbekannten allein,
in der heißen Sonnenglut.